"我爱会计"实务速成系列

出纳实操

第二版

我爱会计 著

清华大学出版社
北京

内 容 简 介

本书是2013年2月出版的《出纳实操》的再版,全面体现了"营改增"等最新会计政策。本实操模拟了一家真实企业的出纳人员2016年6月份的完整业务,学员购买账号后,可登录"我爱会计"财会云学习平台,认真阅读业务操作说明,同步完成线下手工实操和在线实操。

本书适合出纳初学者作为训练用书使用。

本书封面贴有清华大学出版社防伪标签,无标签者不得销售。
版权所有,侵权必究。举报:010-62782989,beiqinquan@tup.tsinghua.edu.cn。

图书在版编目(CIP)数据

出纳实操/我爱会计著.—2版.—北京:清华大学出版社,2017(2025.3重印)
("我爱会计"实务速成系列)
ISBN 978-7-302-48149-2

Ⅰ.①出… Ⅱ.①我… Ⅲ.①出纳—会计实务 Ⅳ.①F231.7

中国版本图书馆CIP数据核字(2017)第206819号

责任编辑:陈凌云
封面设计:毛丽娟
责任校对:刘 静
责任印制:丛怀宇

出版发行:清华大学出版社
网　　址:https://www.tup.com.cn,https://www.wqxuetang.com
地　　址:北京清华大学学研大厦A座　　邮　　编:100084
社 总 机:010-83470000　　邮　　购:010-62786544
投稿与读者服务:010-62776969,c-service@tup.tsinghua.edu.cn
质量反馈:010-62772015,zhiliang@tup.tsinghua.edu.cn
印 装 者:小森印刷霸州有限公司
经　　销:全国新华书店
开　　本:185mm×260mm　　总 印 张:8.5　　总 字 数:113千字
版　　次:2013年2月第1版　2017年12月第2版　印　次:2025年3月第11次印刷
定　　价:40.00元

产品编号:074575-01

丛书序

PREFACE

会计是商业的语言,在商业活动中发挥着不可替代的作用。通过它,可以学习甚至掌握任何一种商业的经营过程,可以使各种经济事务在企业内部,或者在企业之间、企业与政府等机构之间进行更好的交流。会计人才在维护市场经济秩序、推动科学发展、促进社会和谐等方面起着至关重要的作用。

"我爱会计"实务速成系列丛书,从实际业务出发,以会计学员真实需求为出发点,采用"情景—胜任"式的编写思路,以实务工作任务为驱动力,融入情景案例,带给学员身临其境的实务学习感受,逐步指引会计初学者掌握实务操作技能,迅速具备上岗能力,从而实现增强会计人员就业竞争力的目的。

本系列丛书配套的"我爱会计"财会云学习平台,是由行业精英团队耗时七年精心打造的。七年来,我们不断丰富课程内容,优化教材质量,集合全国会计培训机构、职业院校的实力与经验,精心打造出了涵盖出纳、手工账、商业会计、工业会计、纳税五大全新实务课程的教学体系。

"我爱会计"的教学体系和教学方式现已覆盖全国300多个会计培训教学点以及上百所职业院校,其影响力正在会计培训和职业教育领域逐渐形成。

一套有强大生命力的教材,应该以满足学员的实际需要为宗旨,并且要不断适应时代的变化。本系列丛书以就业为导向,以实训为目标,通过角色模拟的手段,强化学员的实际动手能力,切实提升学员上岗前的实际应用能力。为了突出实际工作特点,本系列丛书引入企业日常经营过程中经常发生的、真实的经济业务,扫描真实的凭证、单据,结合实例进行仿真操作,目的是让读者在学习时能够得心应手,从而快速提高实务技能。

衷心希望本系列丛书的出版能为我国会计教育事业的发展,特别是会计实务人才的培养作出贡献,这是我们孜孜以求的目标,我们将一如既往地为此努力。

我爱会计
2017 年 7 月

第二版前言

FOREWORD

《出纳实操》自2013年2月出版以来,深受院校和培训机构师生的欢迎。近年来,我国的会计法律、法规发生了很多的变化,特别是"营改增"的全面实施对会计工作产生了十分重要的影响。此外,会计凭证、支付方式等的变化,也对出纳实务工作提出了新的挑战。有鉴于此,我们组织专家,对原有内容进行了修订。

此次再版全面体现了"营改增"政策,修改了"营改增"影响到的会计单据及税率。另外,随着"五证合一"的实施,新版教材中的营业执照统一换成了带18位社会信用代码的最新营业执照。其他常见的业务单据,我们也根据最新实务工作要求进行了更新。

本实操模拟了一家真实企业的出纳人员2016年6月份的完整业务,需结合"出纳单据簿"及"实务配套用品袋"进行手工实操。

我们在本书的第一版的书后提供了体验账号,以便学员进行部分业务的在线学习与实操。本次再版,我们充分利用互联网带来的便利,进一步加强了线上线下学习的结合。学员购买账号后即可进行在线学习,具体购买方式请关注本书封底"我爱会计官方微信"进行咨询。一方面,我们将部分纸质内容移至线上,例如学员可以登录实训平台,进入"出纳实务学习课程(第三版)"中的"能力六 综合实训",自动比对答案;另一方面,通过购买的账号,学员可以登录"我爱会计"财会云学习平台,进行全部业务内容的在线学习与实操,而不再仅仅是体验部分内容。

学员登录平台后,可结合本书配套的单据进行综合实训,检验学习成果。具体操作方法为:利用账号登录平台,打开"出纳实务学习课程"→"能力六 综合实训",仔细阅读左上角的"企业信息",根据业务列表逐项填写纸质单据和线上仿真单据,填写完后自动比对答案,检验学习成果,更正错误。

希望本次再版能在业务内容更新、学习方式创新等方面给广大学员提供更好的帮助与便利。

我爱会计
2017年7月

第一版前言

FOREWORD

本书是《出纳实务》的配套实操手册。本实操模拟了一家真实企业的出纳人员2012年6月份的完整业务,需结合"出纳单据簿"及"实务配套用品袋"进行实操。若学员单据填写错误,可使用"出纳单据簿"里面的备用单据。本实操的学习应用方式如下。

(1)业务强化练习:为强化单项业务的学习效果,请按照业务强化指引进行业务训练。

(2)出纳综合练习:若已全部完成出纳实务课程的学习,为进一步巩固出纳实操能力,可按实操业务顺序进行综合练习。

业务对应表

业务能力	业务类型	具体业务
现金业务	取现业务	业务1
	现金收款	业务3
		业务16
	存现业务	业务4
	报销业务	业务2
		业务22
	员工借款	业务6
		业务15
	现金日清	业务7
银行结算业务	转账支票	业务5
		业务11
	银行本票	业务17
		业务20
	电汇	业务19
	银行汇票	业务13
		业务21
	银行承兑汇票	业务10
		业务12
		业务18
	银行存款日记账	业务8
		业务9

续表

业务能力	业务类型	具体业务
月末及其他业务	月末盘点及对账	业务25
		业务27
	月末结账	业务23
		业务24
	资金报表	业务26
	工资发放	业务14

  为方便学员使用,本书随书附赠出纳单据簿、库存现金日记账和银行存款日记账各1本。本书所需用到的配套用品包括复写纸、回形针、固体胶水、直尺、红色签字笔、黑色签字笔、网格袋、现金付讫章、作废章、法人章、财务专用章、印张盒、印泥等,学员可在办公用品商店购买或自行制作,并装袋使用。

2013年1月

目 录

CONTENTS

第一部分　企业相关信息与管理制度 …………………………………… 1
　　一、营业执照、开户等相关信息 ………………………………… 2
　　二、组织架构及人员信息 ………………………………………… 3
　　三、财务制度 ……………………………………………………… 4
　　四、印章管理制度 ………………………………………………… 5

第二部分　本期经济业务实训 …………………………………………… 7
　　一、经济业务总体说明 …………………………………………… 8
　　二、具体经济业务 ………………………………………………… 9

第一部分

企业相关信息与管理制度

一、营业执照、开户等相关信息

北京出与纳股份有限公司的营业执照、开户许可证、银行预留签章卡见图 1-1～图 1-3。

图 1-1 营业执照

图 1-2 开户许可证

第一部分　企业相关信息与管理制度

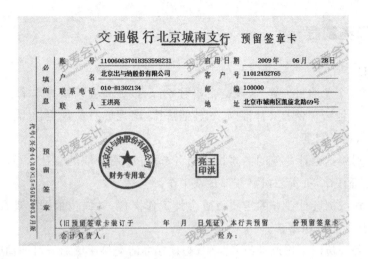

图1-3　银行预留签章卡

二、组织架构及人员信息

北京出与纳股份有限公司的组织架构见图1-4。

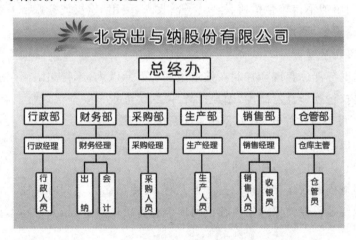

图1-4　组织架构

北京出与纳股份有限公司与财务有关的人员信息见表1-1。

表1-1　人员信息

序号	部门	职务	姓名
1	总经办	总经理	王洪亮
2	财务部	财务经理	李尚昆
3	财务部	会计	王树清
4	财务部	出纳	吕春香

3

三、财务制度

1. 目的

为加强本企业的财务管理,规范企业财务行为,提高会计核算水平。根据《中华人民共和国会计法》《企业会计准则》和其他法律、法规的有关规定,结合本公司内部管理需要,制定本制度。

(1) 公司根据会计业务的需要设立财务部,并聘请专职的会计人员。财务部负责人由总经理任命,负责公司财务部日常工作。

(2) 公司根据会计业务的需要设置会计工作岗位,各岗位根据管理及内部控制需要,可与其他岗位相结合。

(3) 财务人员因工作调动或者离职,必须在办清交接手续后方可调动或离职。

2. 内部牵制制度

(1) 公司实行银行支票与银行预留印鉴分管制度。

(2) 非出纳人员不能办理现金、银行收付款业务。

(3) 库存现金和有价证券每月抽盘一次。

(4) 公司出纳不得兼管稽核、档案保管、收入、费用、债权债务账目的登记工作。

3. 资金、现金、费用管理

(1) 库存现金管理

① 公司财务部库存现金控制在核定限额 1 万元以内,不得超限额存放现金。

② 严格执行现金盘点制度,做到日清月结,保证现金安全。现金遇有短款,应及时查明原因,报告单位领导,并追究相关人员的责任。

③ 不准白条抵库。

④ 不准私人挪用和占用公司现金。

⑤ 到银行提取或送存现金超过 3 万元时,需由两名人员同时前往。

⑥ 出纳要妥善保管保险箱内存放的现金和有价证券等,私人财物不得存放于保险柜。

⑦ 出纳必须随时接受单位领导的检查、监督。

⑧ 严格现金收支管理,除一般零星日常支出外,其余投资或其他支出都必须通过银行办理转账结算,不得直接兑付现金。

⑨ 出纳必须严格遵守、执行上述各项规定。

(2) 银行存款管理

① 公司必须遵守中国人民银行的规定,办理银行基本账户和辅助账户的开户和公司各项银行结算业务。

② 公司必须认真贯彻执行《中华人民共和国中国人民银行法》《中华人民共和国票据法》等相关的结算管理制度。

③ 公司应按每个银行开户账号各建立一本银行存款日记账,出纳应及时将公司银行存款日记账与银行对账单逐笔进行核对,于次月初编制银行存款余额调节表。

④ 所有空白支票、有价证券均须存放于保险柜内,严禁空白支票在使用前先盖上印章。

⑤ 出纳每日要把当天发生的单据及时交给会计人员,并做好交接登记。

(3) 费用核算

费用报销与员工借款严格执行公司审批制度,具体审批制度如下:

① 因公出差经总经理批准借支公款,应在回单位后 7 天内结清,不得拖欠。

② 金额在 1 000 元以下(含 1 000 元),由主管部门经理签字之后交给财务经理复核、审批。金额在 1 000 元以上,由主管部门经理审核签字之后交给财务经理复核再由总经理审批。

③ 借款人必须按规定填写借款单,注明借款事由、借款金额(大小写金额须完全一致,不得涂改),出纳应对借款事项专门设置台账进行跟踪管理。

④ 手续完整、填写无误的,出纳凭审批后的单据付款。

⑤ 正常的办公费用开支,必须有正式发票且印章齐全,有经手人、部门负责人签名。

⑥ 报销单填写必须完整,原始单据必须真实、合法,签章必须符合以上相关规定,出纳才给予报销。

⑦ 销售部门住宿费及出差补助报销标准见表 1-2。

表 1-2 销售部门住宿费及出差补助报销标准

职 位	A 类城市	B 类城市	C 类城市	出差补助
销售经理	住宿费<1 000 元/(人·天)	住宿费<800 元/(人·天)	住宿费<700 元/(人·天)	200 元/(人·天)
销售主管	住宿费<800 元/(人·天)	住宿费<600 元/(人·天)	住宿费<500 元/(人·天)	150 元/(人·天)
销售人员	住宿费<500 元/(人·天)	住宿费<400 元/(人·天)	住宿费<300 元/(人·天)	100 元/(人·天)

注:A 类城市包括北京、上海、广州、深圳、重庆、天津;
B 类城市包括省会城市及大连、厦门、青岛、宁波;
C 类城市是指除 A 类和 B 类以外的城市。

四、印章管理制度

为规范公司印章管理,确保公司资产的安全运营,维护公司信誉,特制定本管理制度。

1. 印章使用范围

(1) 凡属以公司名义对外发文、开具介绍信、报送报表等一律加盖公司公章。

(2) 凡属公司部门之间的业务加盖部门章。

(3) 凡属合同类的业务用合同专用章。

(4) 凡属财务会计类的业务用财务专用章。

(5) 公司法人私章或总经理私章主要用于需加盖私章的合同、财务报表、人事任免、货币结算等相关业务的各类文件或票据。

2. 印章管理

(1) 印章保管人员必须切实负责,不得随意放置或转交他人。如因事离开岗位需移交他人的,可由部门负责人指定专人代管,但必须办理移交手续,并填写移交登记表。为保证资金安全,财务专用章、公章、法人章等银行预留印鉴由两人以上分开保管,监督使用。

(2) 银行预留印鉴为财务专用章和法人章。财务专用章由财务经理保管,公章和法人章由总经理保管。

(3) 未经批准不得在空白文件上加盖公司印章。

(4) 除特殊情况外,不准携带印章外出或外借。

(5) 印章使用必须严格遵循印章使用审批程序,按照印章使用范围,经审批后方可用章。使用公司法人章或公章必须经公司总经理审批后,由总经理盖章。使用财务专用章必须由财务经理审批后,由财务经理盖章。

第二部分

本期经济业务实训

一、经济业务总体说明

北京出与纳股份有限公司2016年12月的经济业务及相关单据见表2-1。

表2-1 经济业务及相关单据

序 号	业务说明	需填写或盖章的单据	背景单据
业务1	6月1日,出纳开出现金支票,提取备用金	现金支票使用登记簿、现金支票	付款申请书
业务2	6月1日,出纳购买凭证打印纸,填写报销单后报销	报销单、报销单据粘贴单、增值税普通发票	
业务3	6月1日,出纳收到员工交来的罚款	收款收据	罚款通知书
业务4	6月1日,出纳把当天收到的现金存入银行	现金解款单	
业务5	6月1日,出纳开具转账支票给供应商	转账支票、转账支票使用登记簿	付款申请书
业务6	6月1日,出纳收到员工的借款单	借款单、借款台账	
业务7	6月1日,出纳登记本日库存现金日记账	库存现金日记账	库存现金日记账(5月份)
业务8	6月1日,出纳登记本日银行存款日记账	银行存款日记账	银行存款日记账(5月份)
业务9	6月1日,出纳登完账后,把单据移交给会计	出纳单据交接表	
业务10	6月8日,出纳将银行承兑汇票背书转让给供应商	银行承兑汇票	付款申请书
业务11	6月10日,出纳拿着转账支票到银行办理进账	转账支票、进账单	
业务12	6月11日,出纳到银行申请开具银行承兑汇票	转账支票使用登记簿、转账支票、进账单、银行承兑汇票	付款申请书、银行承兑协议
业务13	6月12日,出纳到银行申请银行汇票	结算业务申请书、银行汇票	付款申请书
业务14	6月13日,出纳编制工资表	工资表	新版个人所得税税率表
业务15	6月15日,出纳收到员工归还的借款	收款收据、借款台账	
业务16	6月16日,出纳收到一笔现金货款	收款收据	销售单
业务17	6月18日,出纳申请银行本票用于支付货款	结算业务申请书、银行本票	付款申请书
业务18	6月20日,出纳把到期的银行承兑汇票拿到银行办理托收	银行承兑汇票、托收凭证	

续表

序　号	业 务 说 明	需填写或盖章的单据	背景单据
业务19	6月23日，出纳用电汇方式向供应商付款	结算业务申请书	付款申请书
业务20	6月27日，出纳收到银行本票后，到银行办理进账	银行本票、进账单	增值税专用发票
业务21	6月27日，出纳收到银行汇票，到银行进账	银行汇票、进账单	
业务22	6月28日，出纳收到员工报销单	报销单	增值税普通发票
业务23	6月30日，出纳登记本月库存现金日记账，并进行月结	库存现金日记账	
业务24	6月30日，出纳登记本月银行存款日记账，并进行月结	银行存款日记账	
业务25	6月30日，出纳编制库存现金盘点表	库存现金盘点表	
业务26	6月30日，出纳编制资金报告表	资金报告表	
业务27	7月2日，出纳编制银行存款余额调节表	银行存款余额调节表	银行对账单

二、具体经济业务

【业务1】 6月1日，出纳发现保险柜中的现金余额不足，致电开户行查询银行存款余额，并向财务经理申请提取备用金5 000.00元，财务经理予以批准，付款申请书见图2-1。请完成以下事项。

付款申请书

2016年06月01日

收款单位（人）：北京出与纳股份有限公司

用途及情况：备用金

金额：¥5 000 00

账号：交通银行股份有限公司北京城南支行
开户行：110060637018353598231

金额大写（合计）：人民币伍仟元整

电汇：□ 转账：□ 汇票：□ 现金支票：☑

总经理：王洪亮　财务部门　经理：李尚昆　会计：王树清　申请部门　经理：李尚昆　经办人：吕春香

图2-1 付款申请书

1. 填写现金支票使用登记簿

提示:请根据"出纳实操单据簿"(以下简称"单据簿")第 2 页的现金支票(单据 1-2)及付款申请书(见图 2-1),填写单据簿第 1 页的现金支票使用登记簿(单据 1-1)。

2. 填写现金支票

提示:请填写现金支票(单据 1-2)。

3. 审批盖章

提示:请从"配套用品袋"中取出银行预留印鉴,对现金支票(单据 1-2)进行盖章操作。

4. 生成支付密码,并将支付密码填入现金支票中

提示:假定支付密码器生成的密码为 2872-2042 3793-2688。

5. 出纳携带现金支票正联到开户行提取现金

说明:平台答案中,人民币符号是由电算化软件生成的"¥";实际手工做账时,人民币符号应填写"¥"。后面的业务中需要填写人民币符号的,请照此处理。

☞业务强化指引:下一任务"业务 3——现金收款"

【业务 2】 6 月 1 日,出纳外出购买凭证打印纸,取得增值税普通发票。回到公司后,出纳填完报销单,按财务制度规定,因该金额在 1 000 元(含)以内,故只需交由财务经理审核。请完成以下事项。

1. 填写报销单

提示:请根据单据簿第 4 页的增值税普通发票(单据 2-3)填写单据簿第 3 页的报销单(单据 2-1)。

2. 粘贴票据

提示:请把增值税普通发票(单据 2-3)粘贴到单据簿第 3 页的报销单据粘贴单(单据 2-2)上,再将报销单(单据 2-1)和报销单据粘贴单(单据 2-2)整理在一起。

3. 财务经理审批后,出纳签字,再付款并盖章

提示:出纳在报销单上签字后,从"配套用品袋"中取出现金付讫印章,对报销单(单据 2-1)进行盖章操作。

☞业务强化指引:下一任务"业务 22——报销业务"
　　　　　　　　上一任务"业务 4——存现业务"

【业务 3】 6 月 1 日,出纳收到员工赖青云交来的罚款 2 000.00 元,罚款通知书见图 2-2。请完成以下事项。

1. 填写一式三联的收款收据

提示:请根据罚款通知书(见图 2-2)填写单据簿第 4、5 页中一式三联的收款收据(单据 3-1)。请从"配套用品袋"中取出复写纸,放在各联次之间。

备注:实务中,多联次的单据一般为自动复写。为学习需要,在本实操中我们用复写纸代替。以下的多联次单据也用复写纸代替实务中的自动复写。

罚款通知书

赖青云：

　　经查，2016年05月17日，因你未对产品进行合理的把关，导致大批量的不合格产品发放到客户手中，给公司造成了重大的经济损失。为严肃纪律，决定对你罚款人民币贰仟元整（￥2000.00），以示惩戒。

　　此罚款请在收到本通知书后三日内向公司财务部缴清，如逾期不缴的，在你当月工资中扣减。

　　特此通知

北京出与纳股份有限公司
2016年06月01日

图 2-2　罚款通知书

2. 盖章

提示：请从"配套用品袋"中取出财务专用章，在收款收据（单据3-1）的收据联上进行盖章操作；取出现金收讫章，在收款收据（单据3-1）的会计联上进行盖章操作。

3. 出纳请赖青云在收款收据的经手人处签字，并将收款收据的收据联交给对方

☞业务强化指引：下一任务"业务16——现金收款"

上一任务"业务1——取现业务"

【业务4】 6月1日，出纳把当天收到的现金罚款收入2 000.00元存入银行。请完成以下事项。

1. 填写一式两联的现金解款单

提示：请根据存现金额填写单据簿第6页中一式两联的现金解款单（单据4-1）。

2. 出纳拿着现金及现金解款单到银行办理存现

☞业务强化指引：下一任务"业务2——报销业务"

上一任务"业务16——现金收款"

【业务5】 6月1日，出纳使用转账支票向供应商支付货款，付款申请书见图2-3。

出纳开具的转账支票见单据簿第7页中的转账支票（单据5-1）。银行受理时，将转账支票退回，不予办理，理由是转账支票的收款方为简写，无法转出。请完成以下事项。

付款申请书

2016年06月01日

用途及情况	金额										收款单位（人）：北京百布织业有限公司
支付货款	亿	千	百	十	万	千	百	十	元	角	分	账号：110060210123862335758
				¥	1	1	0	0	0	0	0	00	开户行：交通银行北京城北支行
金额大写（合计）	人民币壹拾壹万元整											电汇：□ 转账：□ 汇票：☑ 其他：□
总经理	王洪亮	财务部门	经理	李尚昆	申请部门	经理	王正常
			会计	王树清		经办人	魏建豪

图 2-3 付款申请书

1. 作废原转账支票

（1）作废转账支票

提示：请从"配套用品袋"中取出作废章，在单据簿第 7 页中的转账支票（单据 5-1）上进行盖章操作。

（2）登记支票作废信息

提示：在单据簿第 8 页中的转账支票使用登记簿（单据 5-2）上填写转账支票（单据 5-1）的作废信息。

备注：实务中，领用支票时应先填写支票使用登记簿。为学习需要，请将已领用的作废支票信息先填写到转账支票使用登记簿中，再进行作废信息的填入。

2. 重新开具转账支票支付货款

（1）填写转账支票使用登记簿

提示：请根据单据簿第 9 页中的转账支票（单据 5-3）及付款信息填写单据簿第 8 页中的转账支票使用登记簿（单据 5-2）。

（2）填写转账支票

提示：请根据付款申请书（见图 2-3）填写转账支票（单据 5-3）。

（3）审批盖章

提示：请从"配套用品袋"中取出银行预留印鉴，在转账支票（单据 5-3）上进行盖章操作。

（4）生成支付密码，并将支付密码填入转账支票中

提示：假定支付密码器生成的密码为 2872-7958 9633-3288。

(5) 出纳将转账支票正联交给供应商

☞业务强化指引：下一任务"业务11——转账支票"

　　　　　　　　上一任务"业务7——现金日清"

【业务6】　6月1日，出纳收到员工崔毅强的借款单，办理借款事宜。请完成以下事项。

1. 出纳审核借款单，若有误，则不予受理；若审核无误，则付款并请员工在借款单上签字，然后出纳在借款单上签字并盖章

提示：请从"配套用品袋"中取出现金付讫章，在单据簿第10页中的借款单（单据6-1）上进行盖章操作。

2. 登记借款台账

提示：请根据借款单（单据6-1）上的信息填写单据簿第10页中的借款台账（单据6-2）。

☞业务强化指引：下一任务"业务15——员工借款"

　　　　　　　　上一任务"业务22——报销业务"

【业务7】　6月1日，出纳登记库存现金日记账。

提示：账簿启用时，请先将单据簿第49页中的印花税票粘贴到库存现金日记账的账簿启用表"贴印花处"（本实操略去此步骤），然后根据库存现金5月份期末余额（见图2-4）及本日发生的现金业务登记单据簿第11页的库存现金日记账（单据7-1）。

库存现金日记账　　　　第5页

2016年		凭证		票据号码	摘要	借方	贷方	余额	核对
月	日	种类	号数			百十万千百十元角分	百十万千百十元角分	百十万千百十元角分	
					承前页	7175000	6275000	1000000	☑
05	05				报销办公费		100000	900000	☑
05	05				报销差旅费		200000	700000	☑
05	05				报销市内交通费		15000	685000	☑
05	05				报销维修费		150000	535000	☑
05	05				取现	1000000		1535000	☑
05	05				本日合计	1000000	465000	1535000	☑
05	17				报销办公费		40000	1495000	☑
05	17				预借差旅费		300000	1195000	☑
05	17				收到货款	1000000		2195000	☑
05	17				存现		1000000	1195000	☑
05	17				本日合计	1000000	1340000	1195000	☑
05	26				支付货款		1060000	135000	☑
05	26				报销差旅费		110000	25000	☑
05	26				员工还款	110000		135000	☑
05	26				本日合计	110000	1170000	135000	☑
05	31				本月合计	2110000	2975000	135000	☑
05	31				本年累计	9285000	9285000	135000	☑
					过次页	9285000	9250000	135000	☑

图2-4　库存现金日记账（5月份）

备注：实务中，库存现金日记账应按页码顺序登记业务。本业务由于教学需要，请延续5月份库存现金日记账的页码，从第6页开始。

  🔶**业务强化指引**：下一任务"业务5——转账支票"
        上一任务"业务15——员工借款"

【**业务8**】 6月1日，出纳登记银行存款日记账。

提示：账簿启用时，请先将单据簿第49页中的印花税票粘贴到银行存款日记账的账簿启用表"贴印花处"(本实操略去此步骤)，然后根据银行存款5月份期末余额(见图2-5)及本日发生的银行存款业务登记单据簿第12页中的银行存款日记账(单据8-1)。

银行存款日记账　　第 5 页
开户行：交通银行北京城南支行
账　号：11006063701835 3598231

2016年		凭证		摘要	借方	贷方	余额	核对
月	日	种类	号数		亿千百十万千百十元角分	亿千百十万千百十元角分	亿千百十万千百十元角分	
				承前页	6800 14 00	6329 38 30	5455 93 50	✓
05	01			支付货款		2351 00 00	3104 93 50	✓
05	01			本日合计		2351 00 00	3104 93 50	✓
05	05			取现		100 00 00	3004 93 50	✓
05	05			本日合计		100 00 00	3004 93 50	✓
05	17			存现	100 00 00		3104 93 50	✓
05	17			本日合计	100 00 00		3104 93 50	✓
05	21			支付利息		12 00 00	3092 93 50	✓
05	21			本日合计		12 00 00	3092 93 50	✓
05	23			收回货款	2057 07 00		5150 00 50	✓
05	23			本日合计	2057 07 00		5150 00 50	✓
05	25			支付汽车修理费		26 00 00	5124 00 50	✓
05	25			本日合计		26 00 00	5124 00 50	✓
05	27			支付保险费		12 00 00	5112 00 50	✓
05	27			支付货款		44 00 00	5068 00 50	✓
05	27			本日合计		56 00 00	5068 00 50	✓
05	31			本月合计	2157 07 00	2545 00 00	5068 00 50	✓
05	31			本年累计	8957 21 00	8874 38 30	5068 00 50	✓
				过次页	8957 21 00	8874 38 30	5068 00 50	✓

图2-5　银行存款日记账(5月份)

备注：实务中，银行存款日记账应按页码顺序登记业务。本业务由于教学需要，请延续5月份银行存款日记账的页码，从第6页开始。

  🔶**业务强化指引**：下一任务"业务9——银行存款日记账"
        上一任务"业务18——银行承兑汇票"

【**业务9**】 6月1日，出纳登完日记账后，把单据移交给会计王树清。请完成以下事项。

1. 登记现金业务的交接表

提示：请把本日发生的业务1～业务6中有关现金业务的单据，登记到单据簿第13页中的出纳单据交接表(单据9-1)，并签字确认。

2. 登记银行业务的交接表

提示：请把本日发生的业务1~业务6中有关银行业务的单据，登记到单据簿第13页中的出纳单据交接表（单据9-2），并签字确认。

备注：实务中，出纳要养成每日及时登记库存现金日记账和银行存款日记账，并及时移交单据的习惯。为学习需要，我们在以下业务中略去，集中在月底进行日记账的登记。

☞业务强化指引：下一任务"业务25——月末盘点及对账"
　　　　　　　　上一任务"业务8——银行存款日记账"

【业务10】 6月8日，出纳将收到的银行承兑汇票（背书位置已填满）背书转让给供应商。

提示：请根据付款申请书（见图2-6）完成单据簿第14页中银行承兑汇票（单据10-1）的背书工作。

图2-6 付款申请书

☞业务强化指引：下一任务"业务12——银行承兑汇票"
　　　　　　　　上一任务"业务21——银行汇票"

【业务11】 6月10日，出纳拿着客户开具的转账支票到开户银行办理进账。请完成以下事项。

1. 审核盖章

提示：请从"配套用品袋"中取出银行预留印鉴，在单据簿第14页中的转账支票（单据11-1）的背书处进行盖章操作。

2. 填写一式三联的进账单

提示：请根据转账支票（单据11-1）填写单据簿第15、16页中一式三联的进账单（单据11-2）。

3. 将进账单的第三联提交给银行柜台人员,银行柜台人员确认无误后,在进账单(单据 11-2)的回单联上盖章后退回给出纳

☞业务强化指引:下一任务"业务 17——银行本票"
　　　　　　　上一任务"业务 5——转账支票"

【业务 12】 6 月 11 日,为更好地运用资金流,企业与供应商在购销合同中协议开具银行承兑汇票支付货款,出纳带着相关资料到银行申请银行承兑汇票。请完成以下事项。

1. 填写转账支票使用登记簿

提示:请根据单据簿第 17 页中的转账支票(单据 12-2)及付款申请书(见图 2-7)填写单据簿第 16 页中的转账支票使用登记簿(单据 12-1)。

付款申请书

2016年06月11日

用途及情况	金额									收款单位(人):北京出与纳股份有限公司
存入承兑汇票50%的保证金	亿	千	百	十	万	千	百	十	元	角	账号:110060637009823100035
				¥	7	5	0	0	0	0	开户行:交通银行北京城南支行
金额大写(合计)	人民币柒万伍仟元整										电汇:□ 转账:□ 汇票:☑ 其他:□
总经理 王洪亮	财务部门		经理 李尚昆			采购部门			经理 王正常		
			会计 王树清						经办人 魏建豪		

图 2-7　付款申请书

2. 填写转账支票

提示:请根据付款申请书(见图 2-7)的信息,填写转账支票(单据 12-2),转存银行承兑汇票的保证金。

3. 审核盖章

提示:请从"配套用品袋"中取出银行预留印鉴,在转账支票(单据 12-2)的正联处进行盖章操作。

4. 生成支付密码,并将支付密码填入转账支票中

提示:假定支付密码器生成的密码为 2872-1182 1253-4288。

5. 填写一式三联的进账单

提示:请根据转账支票(单据 12-2)填写单据簿第 18、19 页中一式三联的进账单(单据 12-3)。

6. 填写一式三联的银行承兑汇票

提示:请根据银行承兑协议(见图 2-8)填写单据簿第 19、20 页中一式三联的银行承兑汇票(单据12-4)。

银行承兑协议

编号：321432

银行承兑汇票的内容：

出票人全称 北京出与纳股份有限公司	收款人全称 上海罗莉丝纺有限公司
开户　银行 交通银行北京城南支行	开户　银行 中国工商银行上海江南支行
账　　　号 110060637018353598231	账　　　号 1208030400694609000
汇票　号码 20498980	汇票金额(大写) 人民币壹拾伍万元整
出票　日期 2016年 06月 11日	到期　日期 2016年 12月 11日

以上汇票经银行承兑，出票人愿意遵守《支付结算办法》的规定及下列条款：

一、出票人于汇票到期日前将应付票款足额交存承兑银行。

二、承兑手续费按票面金额千分之（0.5）计算，在银行承兑时一次付清。

三、出票人与持票人如发生任何交易纠纷，均由其双方自行处理，票款于到期前仍按第一条办理不误。

四、承兑汇票到期日，承兑银行凭票无条件支付票款。如到期日之前出票人不能足额交付票款时，承兑银行对不足支付部分的票款转作出票申请人逾期贷款，并按照有关规定计收罚息。

五、汇票款付清后，本协议自动失效。

承兑银行签章

出票人签章

付款行的行号：301100009460

付款行的地址：北京市城南区云顶路23号

订立承兑协议日期　2016年 06月 11日

图 2-8　银行承兑协议

7．盖章

提示：请从"配套用品袋"中取出银行预留印鉴，在银行承兑汇票(单据12-4)的卡片联和正联进行盖章操作，并将银行承兑汇票(单据12-4)的所有联次交给银行柜员。

8. 银行承兑汇票审核无误后,银行柜员在正联盖章,并将正联和存根联退还给出纳

☞业务强化指引:下一任务"业务 18——银行承兑汇票"
　　　　　　　上一任务"业务 10——银行承兑汇票"

【业务 13】 6月12日,采购员申请使用银行汇票支付货款,出纳到银行申请办理。请完成以下事项。

1. 填写一式三联的结算业务申请书

提示:请根据付款申请书(见图2-9)的信息填写单据簿第 21、22 页中一式三联的结算业务申请书(单据 13-1)。

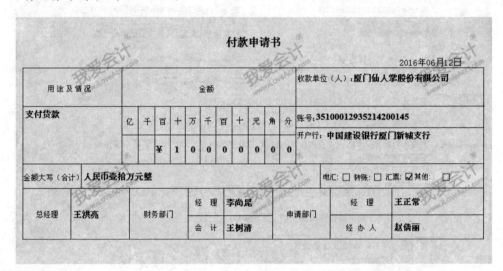

图 2-9　付款申请书

2. 审核盖章

提示:请从"配套用品袋"中取出银行预留印鉴,对结算业务申请书(单据 13-1)的第一联进行盖章操作。

3. 生成支付密码,并将支付密码填入结算业务申请书中

提示:假定支付密码器生成的密码为 6872-1075 3657-7684。

4. 出纳将结算业务申请书交给银行柜员审核后,收到银行柜员签发的银行汇票,并审核盖章

提示:请从"配套用品袋"中取出银行预留印鉴,对单据簿第 22~24 页中银行汇票(单据 13-2)的卡片联进行盖章操作。

5. 出纳盖章后,交给银行柜员,银行柜员在银行汇票正联上盖章,并将银行汇票的正联、解讫通知联和结算业务申请书第三联交给出纳,出纳将银行汇票交给供应商

☞业务强化指引:下一任务"业务 21——银行汇票"
　　　　　　　上一任务"业务 19——电汇"

【业务 14】 6月13日,出纳编制5月的工资表。

提示:请根据新版个人所得税税率表(见表 2-2)编制完成单据簿第 25 页的工资表(单据 14-1)。

表 2-2 新版个人所得税税率表

全月应纳税所得额	税率/%	速算扣除数/元
全月应纳税所得额≤1 500 元	3	0
1 500 元＜全月应纳税所得额≤4 500 元	10	105
4 500 元＜全月应纳税所得额≤9 000 元	20	555
9 000 元＜全月应纳税所得额≤35 000 元	25	1 005
35 000 元＜全月应纳税所得额≤55 000 元	30	2 755
55 000 元＜全月应纳税所得额≤80 000 元	35	5 505
80 000 元＜全月应纳税所得额	45	13 505

备注:编制完毕后,出纳按工资表实发工资总额提现,并予以发放。取现业务在业务 1 已提到,故此处略去。

☞业务强化指引:上一任务"业务 26——资金报告表"

【业务 15】 6月15日,员工崔毅强归还现金借款 1 000.00 元。请完成以下事项。

1. 填写一式三联的收款收据

提示:请根据收款金额及款项来源填写单据簿第 26、27 页中一式三联的收款收据(单据 15-1)。

2. 盖章

提示:请从"配套用品袋"中取出财务专用章,对收款收据(单据 15-1)的收据联进行盖章操作;取出现金收讫章,对收款收据(单据 15-1)的会计联进行盖章操作。

3. 出纳请崔毅强在收款收据的经手人处签字,并将收据联交给对方

4. 填写借款台账

提示:请根据收款收据(单据 15-1)填写单据簿第 27 页中的借款台账(单据 15-2)。

☞业务强化指引:下一任务"业务 7——现金日清"
　　　　　　　　上一任务"业务 6——员工借款"

【业务 16】 6月16日,出纳收到现金货款 2 340.00 元,销售单见图 2-10。请完成以下事项。

1. 填写一式三联的收款收据

提示:请根据收款金额及款项来源填写单据簿第 28、29 页中一式三联的收款收据(单据 16-1)。

2. 盖章

提示:请从"配套用品袋"中取出财务专用章,对收款收据(单据 16-1)的收据联

北京出与纳股份有限公司
销 售 单

地址：北京市城南区凯旋北路69号 NO.1100006
电话：010-81302134

客户名称：北京美纶美幻服饰有限公司
地址电话：北京市城北区长青路90号 010-85891257   日期 2016-06-16

编码	产品名称	规格	单位	单价	数量	金额	备注
0102	男式衬衫	175/100	件	58.50	40.00	2340.00	
合计	人民币（大写）：贰仟叁佰肆拾元整				40.00	￥2340.00	

总经理：王洪亮　销售经理：崔毅强　经办人：张晨阳　会计：王树清　签收人：郭磊

图 2-10　销售单

进行盖章操作；取出现金收讫章，对收款收据（单据16-1）的会计联进行盖章操作。

3. 出纳请张晨阳在收款收据的经手人处签字，并将收款收据的收据联交给对方

☞业务强化指引：下一任务"业务4——存现业务"
　　　　　　　　上一任务"业务3——现金收款"

【业务17】　6月18日，出纳申请银行本票支付货款。请完成以下事项。

1. 填写一式三联的结算业务申请书

提示：请根据付款申请书（见图2-11）填写单据簿第29、30页中一式三联的结算业务申请书（单据17-1）。

付款申请书
2016年06月18日

用途及情况	金额										收款单位（人）：北京百布织业有限公司
	亿	千	百	十	万	千	百	十	元	角	分	账号：11006021012386235758
支付货款				￥	1	5	2	1	0	0	0	开户行：交通银行北京城北支行
金额大写（合计）	人民币壹万伍仟贰佰壹拾元整											电汇：□　转账：□　汇票：□　本票：☑
总经理　王洪亮	财务部门		经理　李尚昆				采购部门		经理　王正常			
			会计　王树清						经办人　赵倩丽			

图 2-11　付款申请书

2. 审批盖章

提示：请从"配套用品袋"中取出银行预留印鉴，对结算业务申请书（单据17-1）的第一联进行盖章操作。

3. 生成支付密码，并将支付密码填入结算业务申请书中

提示：假定支付密码器生成的密码为6872-0506 9666-2474。

4. 出纳递交结算业务申请书后，收到银行本票，并让预留印鉴管理人在银行本票的第一联上盖预留印鉴

提示：请从"配套用品袋"中取出银行预留印鉴，对单据簿第31页中一式两联的银行本票（单据17-2）第一联进行盖章操作。

5. 办理完银行本票后，银行柜员将银行本票正联交给出纳，出纳使用银行本票正联支付货款

☞业务强化指引：下一任务"业务20——银行本票"
　　　　　　　　上一任务"业务11——转账支票"

【业务18】 6月20日，出纳把收到的到期银行承兑汇票拿到银行办理托收。请完成以下事项。

1. 盖章

提示：请从"配套用品袋"中取出银行预留印鉴，在单据簿第32页中的银行承兑汇票（单据18-1）正联背书人签章处进行盖章操作，并注明为委托收款（电划）。

2. 填写一式五联的托收凭证

提示：请根据银行承兑汇票（单据18-1）填写单据簿第32~34页中一式五联的托收凭证（单据18-2）。

3. 盖预留印鉴

提示：请从"配套用品袋"中取出银行预留印鉴，对托收凭证（单据18-2）第二联进行盖章操作。

4. 出纳拿银行承兑汇票和托收凭证到银行办理委托收款

☞业务强化指引：下一任务"业务8——银行存款日记账"
　　　　　　　　上一任务"业务12——银行承兑汇票"

【业务19】 6月23日，出纳查询银行存款余额足够后，用电汇（普通）方式向供应商付款。请完成以下事项。

1. 填写一式三联的结算业务申请书

提示：请根据付款申请书（见图2-12）填写单据簿第35、36页中一式三联的结算业务申请书（单据19-1）。

2. 审批盖章

提示：请从"配套用品袋"中取出银行预留印鉴，对结算业务申请书（单据19-1）第一联进行盖章操作。

付款申请书

2016年06月23日

用途及情况	金额										收款单位（人）：厦门仙人掌股份有限公司
支付货款	亿	千	百	十	万	千	百	十	元	角	分	账号：35100012935214200145
				¥	1	2	8	7	0	0	0	开户行：中国建设银行厦门新城支行
金额大写（合计）	人民币壹万贰仟捌佰柒拾元整											电汇：□ 转账：☑ 汇票：□ 其他：□
总经理	王洪亮		财务部门	经理	李尚昆		业务部门	经理	王正常		
				会计	王树清			经办人	魏建豪		

图 2-12　付款申请书

3. 生成支付密码，并将支付密码填入结算业务申请书中

提示：假定支付密码器生成的密码为 6872-0106 6951-6814。

4. 出纳拿结算业务申请书到银行办理电汇业务

☞ 业务强化指引：下一任务"业务 13——银行汇票"

　　　　　　　　　上一任务"业务 20——银行本票"

【业务 20】　6月27日，公司销售货物一批，开具增值税专用发票（见图 2-13）。出纳收到对方的银行本票，携带银行本票到银行办理进账。请完成以下事项。

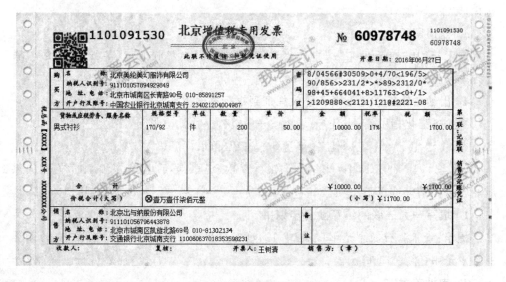

图 2-13　增值税专用发票

1. 审批盖章

提示:请从"配套用品袋"中取出银行预留印鉴,在单据簿第36页中的银行本票(单据20-1)第二联背面"持票人向银行提示付款签章"处进行盖章操作。

2. 填写一式三联的进账单

提示:请根据银行本票(单据20-1)及增值税专用发票(见图2-13)填写单据簿第37、38页中一式三联的进账单(单据20-2)。

3. 出纳拿银行本票和进账单到银行办理进账

☞业务强化指引:下一任务"业务19——电汇"

　　　　　　　上一任务"业务17——银行本票"

【业务21】 6月27日,出纳收到银行汇票,到银行办理进账。请完成以下事项。

1. 审批盖章

提示:请从"配套用品袋"中取出银行预留印鉴,在单据簿第38、39页中的银行汇票(单据21-1)第二联背面"持票人向银行提示付款签章"处进行盖章操作。

2. 填写一式三联的进账单

提示:请根据银行汇票(单据21-1)填写单据簿第39、40页中一式三联的进账单(单据21-2)。

3. 出纳拿银行汇票的正联、解讫通知联以及进账单到银行办理进账

☞业务强化指引:下一任务"业务10——银行承兑汇票"

　　　　　　　上一任务"业务13——银行汇票"

【业务22】 6月28日,出纳收到员工张晨阳的报销单及后附的增值税普通发票(见图2-14)。请完成以下事项。

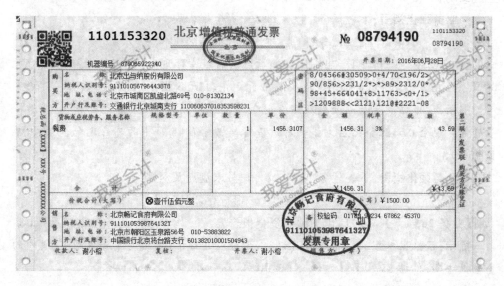

图2-14 增值税普通发票

提示：请根据增值税普通发票（见图 2-14），审核单据簿第 41 页中的报销单（单据 22-1）。若可报销，出纳签字付款并从"配套用品袋"中取出现金付讫章，对报销单（单据 22-1）进行盖章操作。

　　🔲 业务强化指引：下一任务"业务 6——员工借款"
　　　　　　　　　　　上一任务"业务 2——报销业务"

【业务 23】　6 月 30 日，出纳登记库存现金日记账，并进行月结。请完成以下事项。

1. 登记库存现金日记账

提示：请根据本月发生的现金业务，每日逐笔登记单据簿第 42 页的库存现金日记账（单据 23-1）。

2. 月结

提示：填完库存现金日记账后，请对本月的库存现金日记账进行月结。

　　🔲 业务强化指引：下一任务"业务 24——月末结账"
　　　　　　　　　　　上一任务"业务 27——月末盘点及对账"

【业务 24】　6 月 30 日，出纳登记银行存款日记账，并进行月结。请完成以下事项。

1. 登记银行存款日记账

提示：请根据本月发生的银行存款业务，每日逐笔登记单据簿第 43~45 页的银行存款日记账（单据 24-1~单据 24-3）。由于业务 12 存保证金事项使用的是企业另外一个银行账户，故还需要再填另外一张银行存款日记账。

2. 月结

提示：填完银行存款日记账后，请对本月的银行存款日记账进行月结。

　　🔲 业务强化指引：下一任务"业务 26——资金报告表"
　　　　　　　　　　　上一任务"业务 23——月末结账"

【业务 25】　6 月 30 日，出纳用实地盘点法盘点库存现金，盘点的金额为：100 元 60 张、50 元 2 张、20 元 5 张、10 元 8 张、5 元 1 张、1 元 5 张。

提示：请根据现金盘点金额及库存现金日记账的期末余额（需完成业务 23 第一步的库存现金日记账登记后方能查看），填写单据簿第 46 页中的库存现金盘点表（单据 25-1）。

　　🔲 业务强化指引：下一任务"业务 27——月末盘点及对账"
　　　　　　　　　　　上一任务"业务 9——银行存款日记账"

【业务 26】　6 月 30 日，出纳编制资金报告表。

提示：请根据本期的银行存款日记账、库存现金日记账，填写单据簿第 47 页中的资金报告表（单据 26-1）。

　　🔲 业务强化指引：下一任务"业务 14——工资发放"
　　　　　　　　　　　上一任务"业务 24——月末结账"

【业务 27】 7月2日,出纳收到银行转来的对账单(见图 2-15),编制银行存款余额调节表。

图 2-15 银行对账单

提示:请将银行对账单(见图 2-15)与银行存款日记账进行对比,分析差异,编制单据簿第 48 页中的银行存款余额调节表(单据27-1)。

☞ **业务强化指引**:下一任务"业务 23——月末结账"
　　　　　　　　上一任务"业务 25——月末盘点及对账"

出纳单据目录

序号	业务类型	单据		
		单据号	单据名称	页码
业务1	取现业务	1-1	现金支票使用登记簿	1
		1-2	现金支票	2
业务2	报销业务	2-1	报销单	3
		2-2	报销单据粘贴单	3
		2-3	增值税普通发票	4
业务3	现金收款	3-1	收款收据(一式三联)	4、5
业务4	存现业务	4-1	现金解款单(一式两联)	6
业务5	转账支票	5-1	转账支票	7
		5-2	转账支票使用登记簿	8
		5-3	转账支票	9
业务6	员工借款	6-1	借款单	10
		6-2	借款台账	10
业务7	现金日清	7-1	库存现金日记账	11
业务8	银行存款日记账	8-1	银行存款日记账	12
业务9	银行存款日记账	9-1	出纳单据交接表	13
		9-2	出纳单据交接表	13
业务10	银行承兑汇票	10-1	银行承兑汇票	14
业务11	转账支票	11-1	转账支票	14
		11-2	进账单(一式三联)	15、16
业务12	银行承兑汇票	12-1	转账支票使用登记簿	16
		12-2	转账支票	17
		12-3	进账单(一式三联)	18、19
		12-4	银行承兑汇票(一式三联)	19、20
业务13	银行汇票	13-1	结算业务申请书(一式三联)	21、22
		13-2	银行汇票(一式四联)	22~24
业务14	工资发放	14-1	工资表	25
业务15	员工借款	15-1	收款收据(一式三联)	26、27
		15-2	借款台账	27
业务16	现金收款	16-1	收款收据(一式三联)	28、29
业务17	银行本票	17-1	结算业务申请书(一式三联)	29、30
		17-2	银行本票(一式两联)	31
业务18	银行承兑汇票	18-1	银行承兑汇票	32
		18-2	托收凭证(一式五联)	32~34
业务19	电汇	19-1	结算业务申请书(一式三联)	35、36
业务20	银行本票	20-1	银行本票	36
		20-2	进账单(一式三联)	37、38
业务21	银行汇票	21-1	银行汇票	38、39
		21-2	进账单(一式三联)	39、40
业务22	报销业务	22-1	报销单	41
业务23	月末结账	23-1	库存现金日记账	42
业务24	月末结账	24-1	银行存款日记账	43
		24-2	银行存款日记账	44
		24-3	银行存款日记账	45

续表

序号	业务类型	表册		页码
		表册号	表册名称	
	业务 25	25-1	月末盘点及对账	46
	业务 26	26-1	资金报告表	47
	业务 27	27-1	银行存款余额调节表	48
印花税票				49

单据1-1　现金支票使用登记簿

现金支票使用登记簿

日期	购入支票号码	使用支票号码	领用人	金额	用途	备注

单据1-2　现金支票

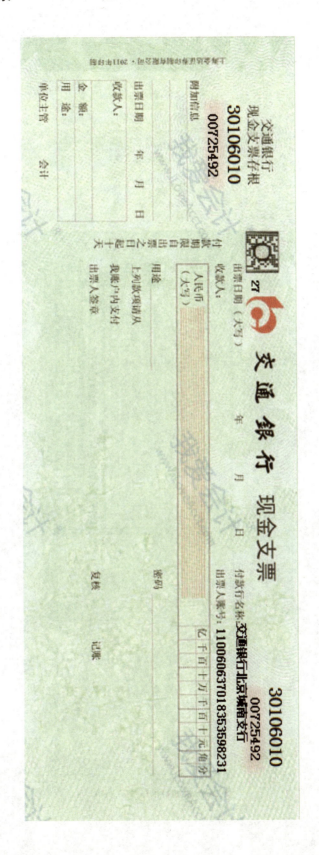

根据《中华人民共和国票据法》等法律法规的规定，签发空头支票出票人由中国人民银行处以票面金额5%但不低于1000元的罚款。

（粘贴处）

身份证件名称：
号码
发证机关：
收款人签章
年　月　日

附加信息：

上海金达证券印制有限公司 · 2011年印制

单据 2-1 报销单

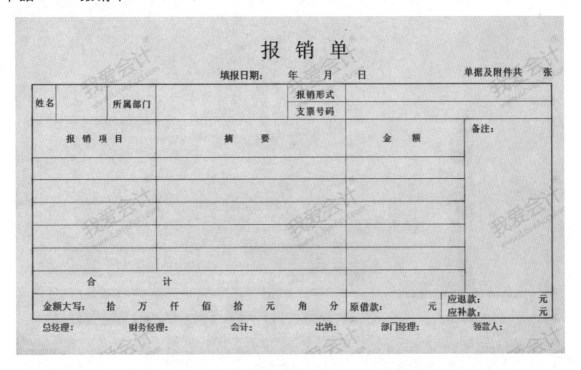

单据 2-2 报销单据粘贴单

单据 2-3　增值税普通发票

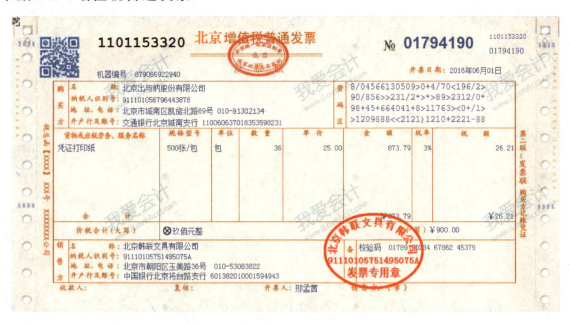

单据 3-1　收款收据（一式三联）

收 款 收 据

年　月　日　　　　　NO. 7455098

今 收 到＿＿＿＿＿＿＿＿＿＿＿＿＿＿＿＿＿＿＿＿＿＿＿＿＿＿＿

交 来：＿＿＿＿＿＿＿＿＿＿＿＿＿＿＿＿＿＿＿＿＿＿＿＿＿＿＿

金额（大写）　佰　拾　万　仟　佰　拾　元　角　分

¥＿＿＿＿＿　□现金　□支票　□信用卡　□其他　　收款单位（盖章）

核准　　会计　　记账　　出纳　　经手人

第二联 交对方

收 款 收 据

年　月　日　　　　　NO. 7455098

今 收 到＿＿＿＿＿＿＿＿＿＿＿＿＿＿＿＿＿＿＿＿＿＿＿＿＿＿＿

交 来：＿＿＿＿＿＿＿＿＿＿＿＿＿＿＿＿＿＿＿＿＿＿＿＿＿＿＿

金额（大写）　佰　拾　万　仟　佰　拾　元　角　分

¥＿＿＿＿＿　□现金　□支票　□信用卡　□其他　　收款单位（盖章）

核准　　会计　　记账　　出纳　　经手人

第三联 交财务

单据 4-1　现金解款单(一式两联)

单据 5-1　转账支票

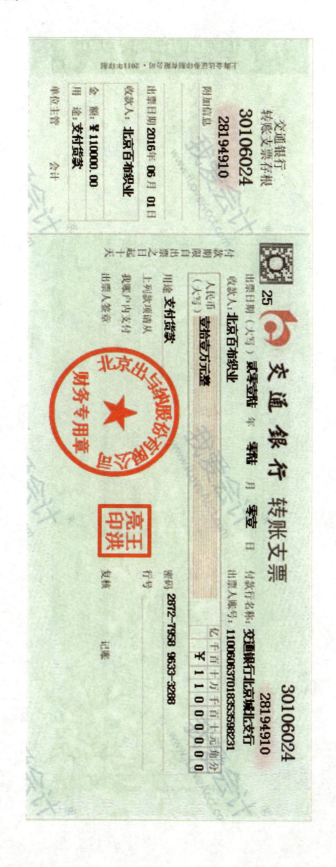

根据《中华人民共和国票据法》等法律法规的规定，签发空头支票由中国人民银行处以票面金额5%但不低于1000元的罚款。

（粘贴单处）

被背书人	背书人签章 年　月　日
被背书人	背书人签章 年　月　日
附加信息：	

单据 5-2　转账支票使用登记簿

转账支票使用登记簿

日期	购入支票号码	使用支票号码	领用人	金额	用途	备注
2016年06月01日		28194910	吕春香	￥110000.00	支付货款	

单据 5-3　转账支票

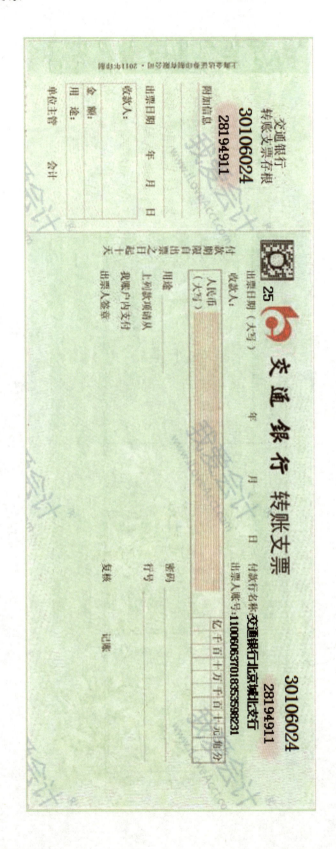

根据《中华人民共和国票据法》等法律法规的规定，签发空头支票出票金额5%但不低于1000元的罚款。

(粘贴处)

被背书人	背书人签章 年　月　日
被背书人	背书人签章 年　月　日

附加信息：

上海金达证券印制有限公司 · 2011年印制

单据 6-1　借款单

借 款 单
2016 年 06 月 01 日

借款部门	销售部	姓名	崔毅强	事由	个人借款		
借款金额（大写）	零万 壹仟 零佰 零拾 零元 零角 零分					¥ 1000.00	
领导审批	王洪尧	财务审批	李尚昆	部门审批	崔毅强	出纳付款	
借款人	崔毅强			备注			

单据 6-2　借款台账

借款台账
2016年　　　　　　　　　　　　　　　　单位：元

编号	姓名	部门	摘要	借款金额	借款日期	还款金额	归还日期	余额
1								

单据 7-1　库存现金日记账

年		凭证		票据号码	摘要	借方 百十万千百十元角分	贷方 百十万千百十元角分	余额 百十万千百十元角分	核对
月	日	种类	号数						

单据 8-1　银行存款日记账

年		凭证		摘要	借方 亿千百十万千百十元角分	贷方 亿千百十万千百十元角分	余额 亿千百十万千百十元角分	核对
月	日	种类	号数					

开户行：交通银行北京城南支行
账　号：1100606370183535598231

单据 9-1　出纳单据交接表

出纳单据交接表

2016 年

月	日	出纳编号	收款/付款	摘要	部门/个人	经办人	收入金额	支出金额
				本日合计：				

会计：　　　　　　　　　　　　出纳：

单据 9-2　出纳单据交接表

出纳单据交接表

2016 年

月	日	出纳编号	付款/收款	摘要	供应商/客户	经办人	收入金额	支出金额
				本日合计：				0

会计：　　　　　　　　　　　　出纳：

单据 10-1　银行承兑汇票

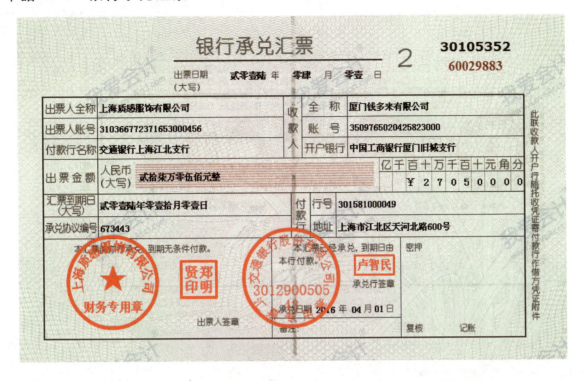

单据 11-1　转账支票

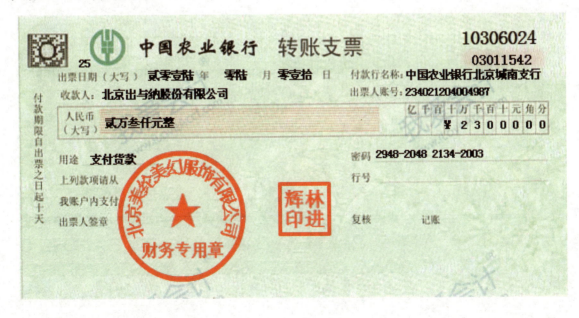

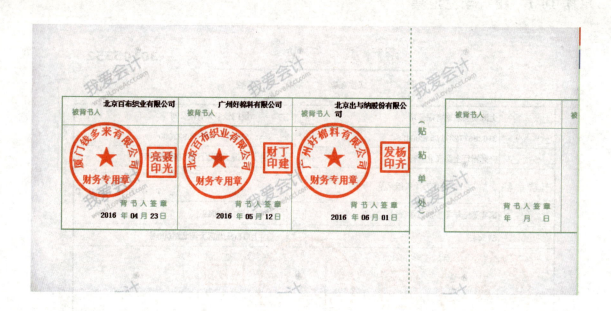

单据 11-2　进账单(一式三联)

交通银行 进账单（收账通知）3

年　月　日

出票人	全称		收款人	全称	
	账号			账号	
	开户银行			开户银行	

金额	人民币（大写）			亿 千 百 十 万 千 百 十 元 角 分

票据种类		票据张数	
票据号码			

复核　　记账　　　　　　　　　　　收款人开户银行签章

此联是收款人开户银行交给收款人的收账通知

单据 12-1　转账支票使用登记簿

转账支票使用登记簿

日期	购入支票号码	使用支票号码	领用人	金额	用途	备注
2016年06月01日		28194910	吕春香	¥110000.00	支付货款	作废
2016年06月01日		28194911	吕春香	¥110000.00	支付货款	

单据 12-2　转账支票

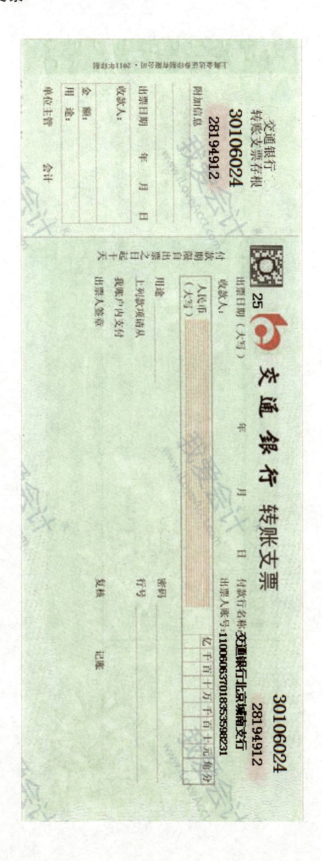

根据《中华人民共和国票据法》等法律法规的规定，签发空头支票由中国人民银行处发票面金额5%但不低于1000元的罚款。

（粘 贴 处）

被背书人

背书人签章
年　月　日

被背书人

背书人签章
年　月　日

附加信息：

单据 12-3　进账单(一式三联)

单据 12-4　银行承兑汇票（一式三联）

银行承兑汇票

2 30106053
20498980

出票日期（大写）	年　月　日		
出票人全称		收款人 全称	
出票人账号		账号	
付款行名称		开户银行	
出票金额	人民币（大写）	亿千百十万千百十元角分	
汇票到期日（大写）		付款行 行号	
承兑协议编号		地址	

本汇票请你行承兑，到期无条件付款。　　本汇票已经承兑，到期日由本行付款。

密押

承兑行签章

承兑日期　年　月　日

出票人签章　　备注　　　复核　　记账

此联收款人开户行随托收凭证寄付款行作借方凭证附件

银行承兑汇票（存根）

3 30106053
20498980

出票日期（大写）	年　月　日		
出票人全称		收款人 全称	
出票人账号		账号	
付款行名称		开户银行	
出票金额	人民币（大写）	亿千百十万千百十元角分	
汇票到期日（大写）		付款行 行号	
承兑协议编号		地址	

密押

备注　　　复核　　经办

此联由出票人存查

单据 13-1　结算业务申请书(一式三联)

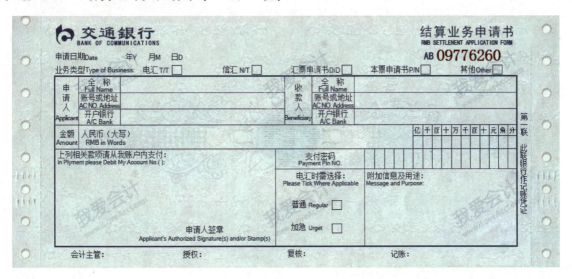

单据 13-2　银行汇票(一式四联)

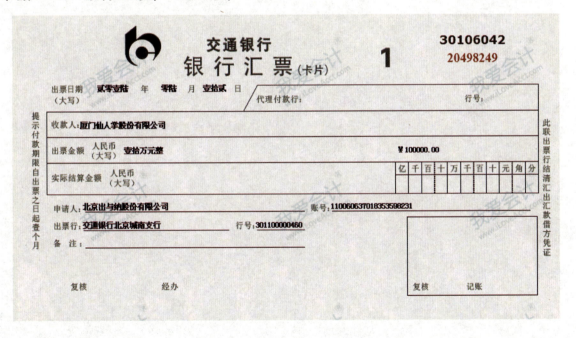

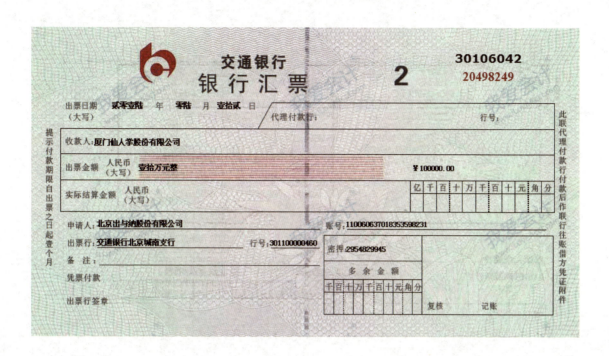
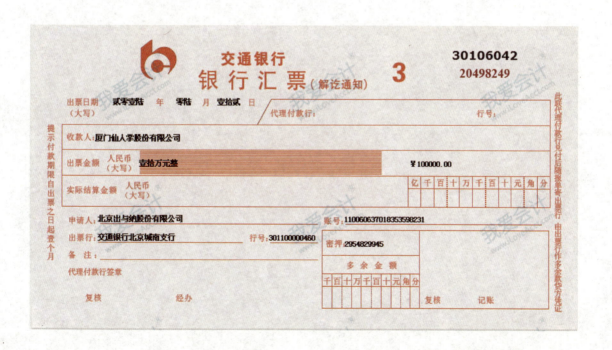

被背书人	被背书人
背书人签章 年　月　日	背书人签章 年　月　日
持票人向银行 提示付款签章：	身份证件名称：　　发证机关： 号码 □□□□□□□□□□□□□□□□□□

交通银行
银 行 汇 票 (多余款收账通知)

30106042
20498249
4

出票日期（大写）	贰零壹陆 年 零陆 月 壹拾贰 日
代理付款行：	
行号：	

收款人：厦门仙人掌股份有限公司

出票金额 人民币（大写）：壹拾万元整　　￥100000.00

实际结算金额 人民币（大写）：

申请人：北京出与纳股份有限公司
账号：11006063701835 3598231
出票行：交通银行北京城南支行　　行号：301100000460
密押：2954829945
备注：
出票行签章

多余金额

左列退回多余金额已收入你账户内。
年 月 日

提示付款期限自出票之日起壹个月

此联出票行作多余款后交申请人

单据 14-1　工资表

2016年5月工资表

2016年5月31日　　单位：元

部门	职位	姓名	基本工资	工作天数	电话补贴	车费补贴	奖励	应付工资	个人缴纳养老保险	个人缴纳医疗保险	个人缴纳失业保险	个人缴纳公积金	个人所得税	实发工资	单位缴纳养老保险	单位缴纳医疗保险	单位缴纳失业保险	单位缴纳生育保险	单位缴纳工伤保险	单位缴纳公积金	单位总支出
总经办	总经理	王洪亮	10000.00	22.00	0.00	0.00	200.00	10200.00	500.00	53.00	5.00	300.00			500.00	250.00	25.00	20.00	7.50	300.00	
行政部	行政人员	陈惠平	2300.00	22.00	200.00	100.00	200.00	2800.00	500.00	53.00	5.00	300.00			500.00	250.00	25.00	20.00	7.50	300.00	
财务部	会计	王利清	5000.00	22.00	200.00	100.00	0.00	5300.00	500.00	53.00	5.00	300.00			500.00	250.00	25.00	20.00	7.50	300.00	
财务部	出纳	吕春香	3500.00	22.00	200.00	200.00	200.00	4100.00	500.00	53.00	5.00	300.00			500.00	250.00	25.00	20.00	7.50	300.00	
采购部	采购人员	熊建豪	3200.00	22.00	200.00	200.00	100.00	3700.00	500.00	53.00	5.00	300.00			500.00	250.00	25.00	20.00	7.50	300.00	
生产部	车间主管	熊青云	3000.00	22.00	200.00	0.00	100.00	3300.00	500.00	53.00	5.00	300.00			500.00	250.00	25.00	20.00	7.50	300.00	
生产部	生产人员	张鹏阳	4500.00	22.00	200.00	500.00	100.00	5300.00	500.00	53.00	5.00	300.00			500.00	250.00	25.00	20.00	7.50	300.00	
销售部	销售员	井棚棚	2800.00	22.00	200.00	0.00	100.00	3100.00	500.00	53.00	5.00	300.00			500.00	250.00	25.00	20.00	7.50	300.00	
生产部	仓库人员	潘爱云	2600.00	22.00	200.00	0.00	100.00	2900.00	500.00	53.00	5.00	300.00			500.00	250.00	25.00	20.00	7.50	300.00	
合计			36900.00	198.00	1600.00	1100.00	1100.00	40700.00	4500.00	477.00	45.00	2700.00			4500.00	2250.00	225.00	180.00	67.50	2700.00	

总经理：王洪亮　　　　财务审核：李灿花　　　　制单：吕春香

单据 15-1   收款收据（一式三联）

收款收据　　　　　　NO. 7455099
年　月　日

今 收 到＿＿＿＿＿＿＿＿＿＿＿＿＿＿＿＿＿＿＿＿＿＿

交 来：＿＿＿＿＿＿＿＿＿＿＿＿＿＿＿＿＿＿＿＿＿＿＿

金额（大写）　佰　拾　万　仟　佰　拾　元　角　分

¥＿＿＿＿＿　□ 现金　□ 支票　□ 信用卡　□ 其他　　收款单位（盖章）

核准　　会计　　记账　　出纳　　经手人

第一联 存根

收款收据　　　　　　NO. 7455099
年　月　日

今 收 到＿＿＿＿＿＿＿＿＿＿＿＿＿＿＿＿＿＿＿＿＿＿

交 来：＿＿＿＿＿＿＿＿＿＿＿＿＿＿＿＿＿＿＿＿＿＿＿

金额（大写）　佰　拾　万　仟　佰　拾　元　角　分

¥＿＿＿＿＿　□ 现金　□ 支票　□ 信用卡　□ 其他　　收款单位（盖章）

核准　　会计　　记账　　出纳　　经手人

第二联 交对方

收款收据

NO.7455099

年　月　日

今收到＿＿＿＿＿＿＿＿＿＿＿＿＿＿＿＿＿＿＿＿＿

交来：＿＿＿＿＿＿＿＿＿＿＿＿＿＿＿＿＿＿＿＿＿＿

金额（大写）＿＿佰＿＿拾＿＿万＿＿仟＿＿佰＿＿拾＿＿元＿＿角＿＿分＿＿

¥＿＿＿＿＿　□现金　□支票　□信用卡　□其他

收款单位（盖章）

核准　　会计　　记账　　出纳　　经手人

第三联交财务

单据15-2 借款台账

借款台账

2016年　　　　　　　　　　　　　　　单位：元

编号	姓名	部门	摘要	借款金额	借款日期	还款金额	归还日期	余额
1	崔毅强	销售部	个人借款	1000.00	2016年06月01日			

单据 16-1　收款收据(一式三联)

收　款　收　据	NO. 7455100
年　月　日	

今 收 到 _____

交 来：_____

金额（大写）　佰　拾　万　仟　佰　拾　元　角　分

¥_____　□现金　□支票　□信用卡　□其他　　收款单位（盖章）

核准　　会计　　记账　　出纳　　经手人

第一联 存根

收　款　收　据	NO. 7455100
年　月　日	

今 收 到 _____

交 来：_____

金额（大写）　佰　拾　万　仟　佰　拾　元　角　分

¥_____　□现金　□支票　□信用卡　□其他　　收款单位（盖章）

核准　　会计　　记账　　出纳　　经手人

第二联 交对方

单据 17-1　结算业务申请书(一式三联)

交通银行 结算业务申请书
BANK OF COMMUNICATIONS — RMB SETTLEMENT APPLICATION FORM

AB 09776261

申请日期 Date：　年Y　月M　日D

业务类型 Type of Business：　电汇 T/T □　　信汇 N/T □　　汇票申请书 D/D □　　本票申请书 P/N □　　其他 Other □

申请人 Applicant	全称 Full Name：		收款人 Beneficiary	全称 Full Name：
	账号或地址 AC NO. Address：			账号或地址 AC NO. Address：
	开户银行 A/C Bank：			开户银行 A/C Bank：

金额 Amount　人民币（大写）RMB in Words：　　　　亿 千 百 十 万 千 百 十 元 角 分

款项已收入收款人账号。Payment Being Credited to Beneficiary's Account

支付密码 Payment Pin NO.：

电汇时需选择 Please Tick Where Applicable：
　普通 Regular □
　加急 Urget □

附加信息及用途 Message and Purpose：

银行签章 Bank's Authorized Signature(s) and/or Stamp(s)

会计主管：　　　授权：　　　复核：　　　记账：

第二联 此联收款行垫记账凭证

交通银行 结算业务申请书
BANK OF COMMUNICATIONS — RMB SETTLEMENT APPLICATION FORM

AB 09776261

申请日期 Date：　年Y　月M　日D

业务类型 Type of Business：　电汇 T/T □　　信汇 N/T □　　汇票申请书 D/D □　　本票申请书 P/N □　　其他 Other □

申请人 Applicant	全称 Full Name：		收款人 Beneficiary	全称 Full Name：
	账号或地址 AC NO. Address：			账号或地址 AC NO. Address：
	开户银行 A/C Bank：			开户银行 A/C Bank：

金额 Amount　人民币（大写）RMB in Words：　　　　亿 千 百 十 万 千 百 十 元 角 分

支付密码 Payment Pin NO.：

电汇时需选择 Please Tick Where Applicable：
　普通 Regular □
　加急 Urget □

附加信息及用途 Message and Purpose：

银行签章 Bank's Authorized Signature(s) and/or Stamp(s)

会计主管：　　　授权：　　　复核：　　　记账：

第三联 此联付款行给付款人的回单

单据 17-2　银行本票(一式两联)

交通银行本票　1　30106070　90879385

出票日期(大写)：贰零壹陆 年 零陆 月 壹拾捌 日
收款人：北京百布织业有限公司
申请人：北京出与纳股份有限公司
凭票即付 人民币(大写) 壹万伍仟贰佰壹拾元整　¥15210 00
☑转账　□现金
密押_____
行号_____
提示付款期限自出票之日起贰个月
备注　　　出纳　　复核　　经办

交通银行本票　2　30106070　90879385

出票日期(大写)：贰零壹陆 年 零陆 月 壹拾捌 日
收款人：北京百布织业有限公司
申请人：北京出与纳股份有限公司
凭票即付 人民币(大写) 壹万伍仟贰佰壹拾元整　¥15210 00
☑转账　□现金
密押_____
行号_____
提示付款期限自出票之日起贰个月
备注　　出票行签章　　出纳　　复核　　经办

被背书人	被背书人	
背书人签章 年 月 日	背书人签章 年 月 日	（粘贴单处）
持票人向银行 提示付款签章：	身份证件名称：　　发证机关： 号码	

单据 18-1　银行承兑汇票

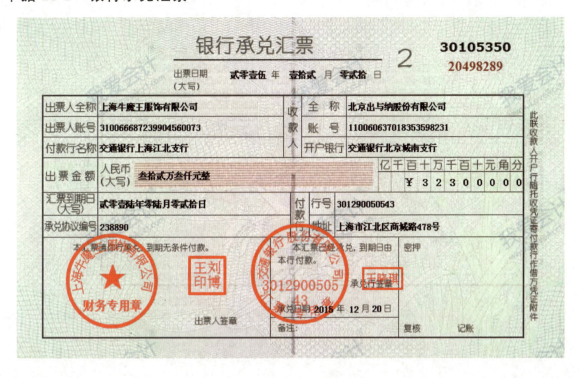

单据 18-2　托收凭证(一式五联)

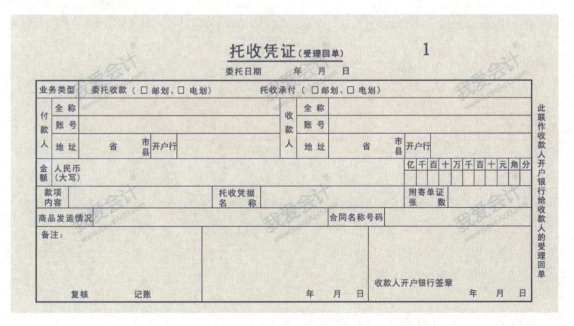

被背书人	被背书人	被背书人	（贴粘单处）
背书人签章 年　月　日	背书人签章 年　月　日	背书人签章 年　月　日	

托收凭证（贷方凭证） 2

委托日期　　年　月　日

业务类型	委托收款（□邮划、□电划）	托收承付（□邮划、□电划）		
付款人	全称 / 账号 / 地址　省　市县　开户行	收款人	全称 / 账号 / 地址　省　市县　开户行	
金额	人民币（大写）		亿千百十万千百十元角分	
款项内容		托收凭据名称	附寄单证张数	
商品发运情况		合同名称号码		
备注：	上列款项随附有关债务证明，请予办理。			

收款人开户银行收到日期：　年　月　日　　收款人签章　　复核：　　记账：

此联收款人开户银行作贷方凭证

托收凭证（借方凭证） 3

委托日期　　年　月　日　　付款期限　　年　月　日

业务类型	委托收款（□邮划、□电划）	托收承付（□邮划、□电划）		
付款人	全称 / 账号 / 地址　省　市县　开户行	收款人	全称 / 账号 / 地址　省　市县　开户行	
金额	人民币（大写）		亿千百十万千百十元角分	
款项内容		托收凭据名称	附寄单证张数	
商品发运情况		合同名称号码		
备注：				

付款人开户银行收到日期：　年　月　日　　收款人开户银行签章　　年　月　日　　复核：　　记账：

此联收款人开户银行作借方凭证

托收凭证（汇款依据或收账通知） 4

委托日期 年 月 日							付款期限 年 月 日									
业务类型	委托收款（□邮划、□电划）					托收承付（□邮划、□电划）										
付款人	全称					收款人	全称									
	账号						账号									
	地址	省	市县	开户行			地址	省	市县	开户行						
金额	人民币（大写）							亿 千 百 十 万 千 百 十 元 角 分								
款项内容			托收凭据名称					附寄单证张数								
商品发运情况						合同名称号码										
备注：			上列款项已划回收入你方账户内。 收款人开户银行签章 年 月 日													
复核 记账																

此联付款人开户银行凭此汇款或收款人开户银行作收账通知

托收凭证（付款通知） 5

委托日期 年 月 日							付款期限 年 月 日									
业务类型	委托收款（□邮划、□电划）					托收承付（□邮划、□电划）										
付款人	全称					收款人	全称									
	账号						账号									
	地址	省	市县	开户行			地址	省	市县	开户行						
金额	人民币（大写）							亿 千 百 十 万 千 百 十 元 角 分								
款项内容			托收凭据名称					附寄单证张数								
商品发运情况						合同名称号码										
备注： 付款人开户银行收到日期 年 月 日 复核 记账			付款人开户银行签章 年 月 日					付款人注意： 1、根据支付结算方法，上列委托收款（托收承付）款项在付款期限内未提出拒付，即视同同意付款，以此代付款通知。 2、如需提出全部或部分拒付，应在规定期限内，将拒付理由书并附债务证明退交开户银行。									

此联付款人开户银行给付款人按期付款通知

单据 19-1　结算业务申请书(一式三联)

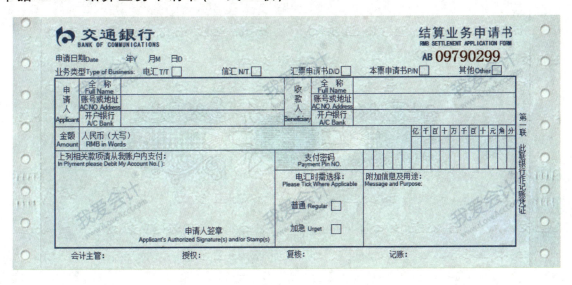

单据 20-1 银行本票

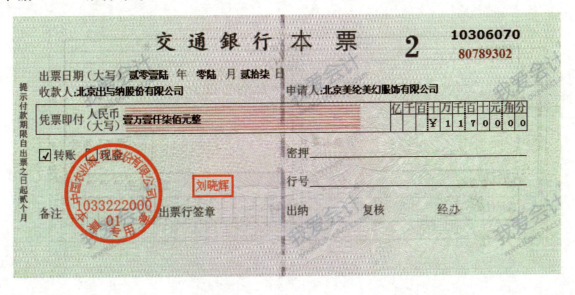

被背书人	被背书人
背书人签章 年　月　日	背书人签章 年　月　日
持票人向银行 提示付款签章：	身份证件名称：　　发证机关： 号码

（粘贴单处）

单据 20-2　进账单（一式三联）

交通银行 进账单（回单） 1

年　月　日

出票人	全　称		收款人	全　称		亿千百十万千百十元角分
	账　号			账　号		
	开户银行			开户银行		
金额	人民币（大写）					
票据种类		票据张数				
票据号码						
		复核　　　记账			开户银行签章	

此联是开户银行交给持票人的回单

交通银行 进账单（贷方凭证） 2

年　月　日

出票人	全　称		收款人	全　称		亿千百十万千百十元角分
	账　号			账　号		
	开户银行			开户银行		
金额	人民币（大写）					
票据种类		票据张数				
票据号码						
备注：						
					复核：　记账：	

此联由收款人开户银行作贷方凭证

单据 21-1　银行汇票

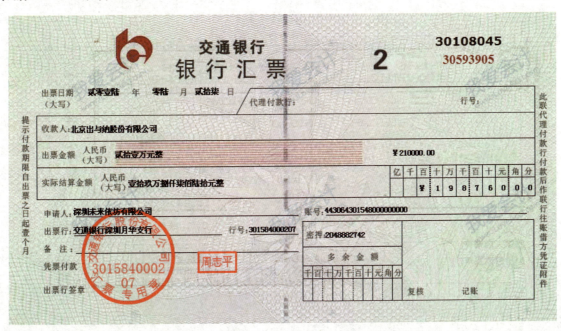

被背书人	被背书人
背书人签章 年　月　日	背书人签章 年　月　日
持票人向银行 提示付款签章：	身份证件名称：　　发证机关： 号码

单据21-2　进账单(一式三联)

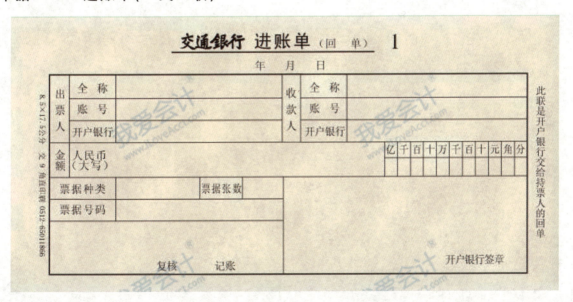

交通银行 进账单（贷方凭证）2

年　月　日

出票人	全　称		收款人	全　称	
	账　号			账　号	
	开户银行			开户银行	
金额	人民币 （大写）		亿千百十万千百十元角分		
票据种类		票据张数			
票据号码					
备注：				复核：　　记账：	

此联由收款人开户银行作贷方凭证

交通银行 进账单（收账通知）3

年　月　日

出票人	全　称		收款人	全　称	
	账　号			账　号	
	开户银行			开户银行	
金额	人民币 （大写）		亿千百十万千百十元角分		
票据种类		票据张数			
票据号码					
	复核　　记账			收款人开户银行签章	

此联是收款人开户银行交给收款人的收账通知

单据22-1 报销单

报 销 单

填报日期：2016年 06月 28日　　　　　　　　单据及附件共 1 张

姓名	张晨阳	所属部门	销售部	报销形式	现金	备注：
				支票号码		

报销项目	摘　　要	金　额	备注：
业务招待费	报销餐饮费	1500.00	
合　　　　计		￥1500.00	

金额大写：零 拾 零 万 壹 仟 伍 佰 零 拾 零 元 零 角 零 分　　原借款：　　元　　应退款：　　元　　应补款：　　元

总经理：王洪亮　　财务经理：李尚昆　　会计：王树清　　出纳：　　部门经理：崔毅强　　领款人：张晨阳

单据 23-1　库存现金日记账

库 存 现 金 日 记 账

第 1 页

2016年		凭证		票据号码	摘要	借方 百十万千百十元角分	贷方 百十万千百十元角分	余额 百十万千百十元角分	核对
月	日	种类	号数						
					承前页	9 2 8 5 0 0 0	9 2 8 5 0 0 0	1 3 5 0 0 0	☐
06	01				取现	5 0 0 0 0 0		6 3 5 0 0 0	☐
06	01				报销办公费		9 0 0 0 0	5 4 5 0 0 0	☐
06	01				员工罚款收入	2 0 0 0 0 0		7 4 5 0 0 0	☐
06	01				存现		2 0 0 0 0 0	5 4 5 0 0 0	☐
06	01				员工借款		1 0 0 0 0 0	4 4 5 0 0 0	☐
06	01				本日合计	7 0 0 0 0 0	3 9 0 0 0 0	4 4 5 0 0 0	☐

单据 24-1　银行存款日记账

银行存款日记账　　第 6 页

开户行：交通银行北京城南支行
账　号：11006063701835359 8231

2016年		凭证		摘要	借方 亿千百十万千百十元角分	贷方 亿千百十万千百十元角分	余额 亿千百十万千百十元角分	核对
月	日	种类	号数					
				承前页	8 9 5 7 2 1 0 0	8 8 7 4 3 8 3 0	5 0 6 8 0 0 5 0	
06	01			取现		5 0 0 0 0 0	5 0 1 8 0 0 5 0	
06	01			存现	2 0 0 0 0 0		5 0 3 8 0 0 5 0	
06	01			支付货款		1 1 0 0 0 0 0	3 9 3 8 0 0 5 0	
06	01			本日合计	2 0 0 0 0 0	1 1 5 0 0 0 0 0	3 9 3 8 0 0 5 0	

单据 24-2　银行存款日记账

银行存款日记账　　　　　　　开户行：交通银行北京城南支行　　第 7 页
账　号：110060637018353598231

年		凭证		摘要	借方 亿千百十万千百十元角分	贷方 亿千百十万千百十元角分	余额 亿千百十万千百十元角分	核对
月	日	种类	号数					

单据 24-3　银行存款日记账

银行存款日记账　　　　　　　　　　　　　　　　　　第 **8** 页

开户行：**交通银行北京城南支行**
账　号：**110060637009823100035**

年		凭证		摘要	借方 亿千百十万千百十元角分	贷方 亿千百十万千百十元角分	余额 亿千百十万千百十元角分	核对
月	日	种类	号数					

单据 25-1　库存现金盘点表

库存现金盘点表

单位名称：　　　　　　　　日期：

部门			
会计期间			
项目		行次	人民币
现金账面余额（盘点日）		1	
加：收入凭证未记账		2	
减：付出凭证未记账		3	
调整后现金余额		4	
实点现金		5	

说明：

会计主管签章：　　　　　　　　出纳员签章：

单据 26-1　资金报告表

资金报告表

编制单位：北京出与纳股份有限公司　　期间：2016年06月01日-06月30日　　编制日期：2016年06月30日

收支项目＼资金来源	资金使用合计	交通银行北京城南支行	库存现金	其他货币资金	备注
上月结余数				0	
收入项目					
销售收入款					
个人借还借款					
现金形式转换					
其他收入					
本月收入合计					
支出项目					
支付原料货款					
支付工资					
支付其他日常费用					
个人借款					
其他支出					
偿还贷款					
设备款					
预付款					
现金形式转换					
本月支出合计					
本月资金结余					

复核人：　　　　　　　　　编制人：

单据 27-1 银行存款余额调节表

银行存款余额调节表

开户银行：交通银行北京城南支行   账号：11006063701835 3598231   2016 年 07 月 02 日

摘要	金额（亿千百十万千百十元角分）	摘要	金额（亿千百十万千百十元角分）
《银行存款日记账》余额		《银行对账单》余额	
加：银行已收，企业未收：		加：企业已收，银行未收：	
减：银行已付，企业未付：		减：企业已付，银行未付：	
调节后余额		调节后余额	

财务主管：   制表人：   审核人：

印花税票

壹元面值

贰元面值

伍元面值

拾元面值